우울지수 78퍼센트

빛남시선 161

우울지수 78퍼센트

이 효 애 제7시집

빛남출판사

• 시인의 말

시인의 말

가끔 사는 게 무료해질 때
속절없이 가는 시간을 빗질하다가
몇 가닥씩 흘러내린 문장을 끌어모았다
그냥 잊혀질 그 찰나의 순간이
새삼스러운 지금,
그 틈을 엿보는 재미가 쏠쏠하다

좀 미완성이면 어떠리
오늘을 새롭게 생성할 수 있는
시심이 있기에
나는 외롭지 않은 걸,

2025년 여름

이효애

시인의 말 • 5

1부

우울지수 78퍼센트 • 012
잃어버린 기억의 골목 • 013
지금은 참선 중입니다 • 014
비빔밥 예찬 • 016
바람의 이중성 • 017
화가의 영혼에 들다 • 018
새잎이 말하다 • 020
연둣빛 청춘 그 즈음으로 • 021
헛꿈이라도 좋아 • 022
우울한 시그널 • 023
자꾸 생각나는 광리단길 • 024
기억을 퍼즐하다 • 026
트라우마 • 028
아름다운 도전 • 030
詩作 앞에서 • 031
추억을 로딩하다 • 032
말을 씹어 먹는 미꾸라지 • 034
온전한 행운을 맞이하다 • 036
안녕, 오늘아! • 038

2부

말티 고개 • 042
위선을 주목하다 • 043
새벽을 물들이는 바람의 춤 • 044
숨어 버린 목요일 • 045
소화 불량증 • 046
상처를 달래다 • 048
동백섬의 문법을 읽다 • 049
깨 한 톨 앞에서 숙연해지는 • 050
관계 4 • 052
참을 수 없는 공복 • 053
진실의 뒤편 • 054
화단에 앉아 • 056
시인의 MSG • 058
난센스 • 060
오늘의 나는 • 061
동백섬 일지 • 062
새롭게 다가온 자부심 • 063
풍선, 날으다 • 064
사투를 벌이는 밤 • 066

3부

경로석 • 070
아무튼 • 071
중얼거림의 뒷면　072
잠자는 바람을 깨우다 • 073
웃음꽃이라 하자 • 074
조락의 계절은 오고 • 075
제3지대와의 위험한 동행 • 076
목탁 치는 관절 • 078
침묵의 향기에 빠지다 • 079
우기의 보현산 • 080
안개를 정복하다 • 082
틈새를 노리다 • 084
쉼의 이중성 • 086
서른아홉 그해 가을은 • 088
관계 3 • 089
말의 사용법 • 090
조용한 반란 • 092

4부

접신 • 096
자업자득 • 097
비, 득음으로 오다 • 098
다시 찾은 태백 • 100
여름이 오면, 나는 • 102
애착을 버리다 • 104
기타야 놀자 • 106
더위도 못 말리는 감기 • 108
가을비 • 109
유등에 홀리다 • 110
가을, 그 쓸쓸한 환상곡 • 111
나를 짊어지고 온 정상, 그곳에는 • 112
오후 3시의 변명 • 114
비유로 오는 사랑론 • 116
착각은 자유 • 118
음치의 반란 • 119
향기에 물들다 • 120
어떤 두려움 • 122
밤, 그 너머의 황홀경 • 123
삶, 그 쓸쓸함에 대하여 • 124
꿈꾸는 알리바이 • 125
엄마가 생각난다 • 126

요가하는 고목

1부

세상을 읽다

우울지수 78퍼센트

무거운 아침을 일으켜 창밖을 본다
하늘은 대지를 향해 잿빛 바탕 화면을 펼친다
어젯밤, 욱신거리는 뼈마디가 신호를 주었지만
눈치 없이 나는 어제의 햇살을 여전히 내민다
기압골을 형성한 삭신의 골짜기에 휘말린
천근 같은 몸이 관절의 통증을 끌어올린다
내 시야로 벌써 져야 할 단풍은
11월 막바지를 붙잡고
회색 바탕에 울먹이는 청춘을 그린다
나는 무거운 몸을 이끌고 밖으로 나가
숨어버린 햇살을 좇는다

드문드문 빗방울 어깨를 툭툭 친다
하늘도, 비도, 계절도, 속절없는 아침
눅눅한 자리에 이어폰을 꽂고
이브몽땅의 샹송을 듣는다
사색으로 번진 우울이
가벼운 햇살로 피어난다

잃어버린 기억의 골목

일상의 기억이 낡은 시간을 꿰매고 있어요
맞춤법이 틀린 말은 제 짝을 찾으려
미로 같은 시간을 헤매고 있어요
누군가가 발자국도 없는 그녀의 주변을
중얼거리며 맴도는 골목은 수시로 바뀌어요
그녀의 기억을 수선하는 정신과 의사는
장비가 부족해 늘 안절부절이에요

볕이 들지 않는 골목은 블랙홀이에요
희망을 기대하는 가족은 돌아올 수 없는 길이 너무 멀어
안타까움이 가슴을 후벼파요
방향 지시등을 켜 그 볕을 놓치지 않으려
고정 핀을 꽂은 뇌는 어렴풋한 실낱이 다행인 듯
뜬금없이 삶 어디에도 없는 낯선 이야기를 늘어놓아요
감당하기 버거운, 너무 깊게 망가진 대뇌 신경 세포는
더 이상 기대하기 어렵다는 소견서가
골목을 빠져나오지 못해요
사는 게 버거운 세상이 어쩌면
잊힌 삶이 차라리 속 편하다는 전문을 보내와요
병동 밖에서 그 모습을 물끄러미 지켜봐야 하는 건
오로지 남은 시간의 상실뿐이에요

지금은 참선 중입니다

증후군이 쫓아다니던 도시를 떨쳐버리고
팔영산 골짜기 편백나무 숲을 거닌다
나는 도둑고양이처럼 최대한 호흡을 낮추고
천천히 나무의 숨결로 파고든다

숲이 조용히 말을 걸어온다
몸이, 마음이, 공명으로 화답한다
나는 복식 호흡을 진지하게 한다
적막이 소리 없이 내려앉은 숲
고개를 들어 하늘을 본다
빈틈없이 들어선 편백 숲이 암막 커튼 같은,

우주 한 폭이 수직의 끝에 매달려
황홀한 현기증을 일으킨다
90도의 목이 경추를 짓누른다
나는 고개를 빙그르르 돌리며
밤하늘 별자리를 찾듯 하늘을 찾는다

몇 가닥 정전기를 일으키는 인기척이
묵직한 산기슭을 흔든다

햇볕이 닿지 않는 지하방 닮은 사람들은
볕을 오므리고 앉은 숲에 젖은 곰팡이를 말린다
불구의 마음이 치유된 듯
피톤치드로 범람한 몸은
박하사탕을 문 것처럼 환해진다

비빔밥 예찬

오늘은 우주를 통째로 먹는 날이라고
당당하게 선언하고 우아하게 준비한다
사계절의 미각을 정성스레 다듬는다
사월 고사리 밭의 통통한 햇살을 담아 내고
쌉싸름한 도라지의 향기로 입맛을 돋우며
잠든 우주의 오감을 깨운다
물 없인 못산다는 콩나물과
구색을 맞추는 빛깔 고운 당근 볶음에
추운 겨울을 깡다구로 견뎌 온
알싸한 햇살에 구워 나온
새파란 시금치 나물의 달큰함과
풍미를 좌우하는 소고기는 필수!
예쁘게 채썬 계란 흰자로
색을 맞추고 참기름 살짝 뿌린다
고명으로 계란 노른자를 얹어
깨소금과 김가루를 솔솔 뿌리면
무지개빛 사계절이 한겨울을 환하게 밝힌다
식욕을 돋우는 혀의 맛봉우리가 침샘을 자극한다
비빔밥을 그다지 좋아하지 않는 그마저도
오묘한 우주로 깊숙이 빠져든다

바람의 이중성
- 선거 유세장

견해 차이를 내세운 무대가
관객들에게 혼란을 부추긴다
갑작스러운 말짓에 숨이 막히는 관객들은
영향력을 과시하는 주연을 바라보며
어지럼증을 호소한다

한정된 기간 내에 승부수를 노리는
경쟁자들은 강박증에 시달린다
관객을 향해 물증 없는 팩트를 막무가내로 쏟아내는
주연들의 난센스 역풍을 맞는다

무대를 바라보는 관객들은 한숨을 괴고 앉아
혼탁한 말짓의 구태 요소에 환풍기를 단다

터무니없는 말로 바람을 일으키는 주연들
강력한 위증을 합리화로 이끈다

시간을 과소비하며 무대를 거침없이 흔드는
그들의 행태에
상처 입는 무고한 관객들은 그래도
일말의 기대를 저버리지 않은 경쟁자에게
소신을 다한다

화가의 영혼에 들다

범일동 산복도로, 기억에도 없는
판자촌 골목을 낭창낭창 거닐면
등 굽은 정승처럼 웅크리고 앉은 허름한 계단이
빛바랜 시절을 굳게 지키고 있네
감회에 젖은 표정들 사잇길 누비며
아련한 기억을 수소문하네
잊혔다고 생각한 잊을 수 없는
그 옛날 가난이 포화지방이 된 지금
낯설지만 낯설지 않은 그때 그 시절을
골목골목 피워 올리네
골목마다 화가의 영혼 살아 숨쉬는
어릴 적 가난을 무턱대고 서성이면
바다 저 멀리 생이별한 식솔의 퀭한 생활고
판잣집 골방을 가득 메우네
지금도 세상에 등불이 되는 이중섭 화가의
질펀한 술 내음 그림 속 취기로 서린
심오한 세계가 혼불로 타오르네
한 걸음 한 걸음 급경사를 오르고 내릴 때마다
화가의 천부적 소질로 완성된 "범일동 풍경"을
바로 세운 지자체의 열정

역사의 흔적을 생생하게 되새기게 하네
100계단에 쪼그리고 앉아
생동감 넘치는 황소의 울음 오래도록 듣네

새잎이 말하다

땅속 물관을 묻고
살아 볼 거라고 살아 볼 거라고
봄날, 그 따듯한 봄날을 오래 기다렸었죠
기다리고 기다리던 햇살 우쑥 자란 그
보드라운 햇살로 갓 태어난 공원의 홍가시나무
어린잎들 서로 얼굴 붉히며
세상 밖은 참 살 만하다며 콧노래를 불렀죠
사람들은 우리를 보고 밝그란 미소로
볼 붉은 답가를 불러줬었죠
비가 오기라도 하는 날이면 기다렸다는 듯
신이 나서 너도나도 두 손을 번쩍 들고
덩실덩실 춤을 췄죠
춤을 추는 것이 화근이었죠
우린 한창 자라기도 전에 사정없이
우리의 청춘이 예초기에 싹둑 잘려 나갔죠
산다는 것은 죽이려고 하는 자 앞에선
일말의 희망도 없겠지만
오래도록 공원 입구를 차지하고 있는 동안
우리는 잠시 죽은 시늉을 하며 죽기 살기로 버티죠
살아 있음을 증명하기 위해서

연둣빛 청춘 그 즈음으로

햇살 지그시 오르내리는
지금쯤이라면
숲 우거진 공원으로 가 볼까나
아지랑이 만발로 준비 운동 끝낸
꽃과 나무들의 환호로
무기력한 내 마음을 업로드한
살랑살랑 부는 바람 어깨동무하며
눈웃음 생글생글 자아내는
천지사방 꽃향기 분분한
여리디 연한
그 해맑은 신록에 홀려
가슴 활짝 열고
푸르른 오월, 그 속으로
연둣빛 사랑 무성히 피어나는
네 가슴속에 나를 묻고
봄볕의 한나절로 사르르 녹아들거나

헛꿈이라도 좋아

　바람의 유혹으로 깃들기만 해도 짜릿한 오늘 어느 방향으로 와서 누구에게로 갈까 그 방향 내게로 오려나 희망 한 점, 기대에 가득 찬 가슴들 어젯밤 현몽에 들떠 인생 역전의 꿈을 안고 대박 난 복덕방은 문전성시 이루네 사는 게 막막할수록 행운의 숫자 횡재로 오는 꿈 기다림은 행복처럼 마냥 부풀어 오르네 그 어떤 기대보다 부푼 포만감 잠시 배부르네 힘겨운 오늘을 희망으로 이끌며 마약처럼 중독된 복권방을 지날 때마다 환상을 포기할 수 없는 대박 터지는 복권방 앞은 언제나 횡재 맞이로 들떠 있는 그 길 지나는 나도 덩달아 설레여지네

우울한 시그널

허공으로 침투한 소리 없는 불청객이
가시거리를 침범한다
합법화된 산업 현장의 슬로건은
검은 이슬이 쌓이고, 도시는
간간히 몸부림치는 면역계가 자아로 파고든다
쾌청을 선언한 세계 보건 기구에선
역방향 환풍기를 내건다
청정한 공기를 선호하는 도시는
산업 현장을 휘돌아 억울함을 호소한다
자유로운 영혼들은 마스크에 청정기를 달고
긴 호흡으로 길을 낸다

소리 없이 파고드는 인간들의
과욕에 도시는 몸살을 앓는다

자꾸 생각나는 광리단길

무심코 지나가다 마주친 감성
첫사랑 연인을 만난 듯 휘몰아치는 마음
호기심 일으키네
이끌리는 방향 따라 확장되는 시선
햇살 가득 풀어헤친 골목은
단아한 이국을 보는 듯하네

있는 듯 없는 듯 깊숙이 들어앉은
개성 물씬 풍기는 점포마다
광안리 앞바다의 파도소리로 장식한
갈매기 울음 같은 풋풋한 소품들
가는 걸음 붙잡네
품격 있는 다정한 눈길 가슴 설레게 하네

지나는 모퉁이 눈길 사로잡는 갓길 틈새 그 장소
방울토마토처럼 앙증스런 탁자의
구수한 베이커리 유혹 밀어내고
스치듯 지나와 다시 가고 싶은 그곳
아쉬움이 거기 멈추네

골목마다 너울로 번져 오는 아련한
광리단길 자꾸 생각나네

기억을 퍼즐하다

　상실의 늪에서 자조적인 말이 스파크로 튀어 오른다　흐려진 시간들의 감각이 먼지로 떠도는 무언의 언저리낮과 밤을 가리지 않고 울리는 경종이 민감해진다 상관관계를 결부시킨 지난날을 부여받은 나는 기억 상실증에 반기를 꽂고 의지와는 상관없는 잠재적 슬픔을 희망으로 끌어올린다
　어제 지인을 만난 장소를 기억하지 못하는 심각성에 제동이 걸린다 다운된 기억력을 부정했던 상실의 늪을 동의하는 나는 무엇 때문에 살고 무엇으로 사는가에 대해 깊은 의문 부호를 날린다 나름의 일상에 장황한 수식을 붙여 미완성의 오늘이 완성인 양 스스로를 치켜세우며 잊힐 오늘을 또렷하게 오려 일기장에 가둔다 오래된 일기는 좀이 슬어 알아볼 수 없는 문장을 환수하지 못한 기억 저편 그믐달은 저 혼자 까만 별빛을 쏟아 놓는다

　흰색 스카프가 휘날리는 상념의 언덕, 주춤거리는 번뇌 속으로 행서체의 바람이 기억을 더듬는다 우두커니 오늘을 위하여 하염없이 빛을 퍼붓는 창밖으로 희멀건 눈동자들은 아무렇지도 않게 일상

속으로 사라진다 평온주의 시간은 강렬한 빛의 안쪽으로 행진곡이 울린다 나는 잘 익은 볕의 뒤축에 기대어 오래전에 파손된 나만의 흔적을 퍼즐로 맞춘다

트라우마

 철저히 고립을 자처했어요 밖은 가시 바람과 함께 폭설이 내린다는 뉴스를 어젯밤에 전갈을 받았어요 잔뜩 긴장한 나는 오래전 설악산 정상이 떠올랐어요 젊음 하나 믿고 올랐던 그날 밤의 객기, 고요의 늪을 뒤덮은 새하얀 눈 귀신들의 황홀한 유혹에 빠져 나뭇가지들로 스며든 달빛 그림자의 안내를 따라 무작정 어디가 길인지 모를 허상을 짚으며 소복 입은 여인의 등허리를 부여잡고 가도 가도 끝없는 눈보라의 비명을 파헤치며 갔었어요 바닥을 비추는 렌턴은 한정적이어서 무섬증을 유발하는 어마무시한 바람소리는 설악의 기운을 한층 고조시켰어요 전신을 오기로 무장한 나는 정상을 앞두고 서너 걸음 옮길 때마다 혈류에 빙하가 생겨 순환이 막혔어요 나는 무릎 높이만큼 새하얀 목화밭에 파묻혀 두더지가 되었어요

 해가 뜨기 전 일출을 보기 위해 걸음을 재촉했어요 팔부 능선 앞에서 열 발짝의 걸음이 십 미터가 되는 것 같았어요 나는 내 몸의 피를 짜내 겨우 정상에 올랐어요 안도의 기쁨은 잠시, 코앞의 표지

석은 사정없이 눈보라를 일으키며 안구를 파헤쳤어요 굳어져 가는 체온으로 가까스로 기념 촬영을 시도했지만 핸드폰도 얼어 작동하지 않았어요 얼어붙은 손은 삭정이 같아 툭 부러질 것 같았어요 그때 이후 해맞이로 강추위가 몰려오면 내 몸은 저절로 경련을 일으켜요

아름다운 도전

한 여자가 있었습니다
그 여자는 오기 빼곤 가진 것이 아무것도 없었습니다
음악적 재능은 전혀 없으면서
일말의 기대를 품은 그녀는
제 흥에 겨워 음정 박자 제쳐 놓고
기분에 맞춰 노래를 부르는 그 순간
기분은 최고조에 이릅니다
그녀의 주법은 리듬과 리듬 사이의 선율을
제 멋대로 오르내립니다
주변의 이목을 아랑곳없이
노력을 해도 해도 안 되는 감정을
온 맘으로 노래합니다
한 곡을 마스터하려면 손가락에 바둑알이 박히고
목울대는 도돌이표를 돌고 돌며 악보를 후벼팝니다
고성으로 치닿는 음정은 미완성으로 끝나
한 번쯤 포기할 만도 한데
남은 생 걸고 도전합니다
하다 보면 언젠가는 물푸레나무 우거진 그늘 아래서
기타 치며 노래하는 그녀의 자아가
새로운 바람을 일으킬지도 모릅니다
그녀의 끈질긴 도전은 아름다운 향기를 품습니다

詩作 앞에서

詩作은 좋았어
흩어진 영혼을 가다듬으며 시의 결로 접어들었지
두 번째 행간을 넘는 그 순간부터
어느새 짧은 호흡이 가파른 서사를 파고들었어
한 모금 결기를 마시고 호흡을 가다듬어
다시 사색의 산을 올랐지
詩! 그곳은 감성의 정원
상징적 공감이 뜨겁게 피어오르는 곳
나는 그곳으로 합류하기를 간절히 꿈꿨어
번뇌의 여정은 계속되었지
각혈할 듯한 시심은 목이 메어 피멍으로 가득했어
한계점에 다다른 나는
공감각적인 심상에서 염증이 생기기 시작했어
포기하기엔 너무 많은 시행착오를 겪었으므로
돌아서려는 발자국마다 죽은 언어들이
우후죽순 자라나 살려 달라 애원했어
다시 긴 호흡을 내뿜으며 사라진 문장을 수소문했어
애초에 순정으로 왔던 불립 문자는 수행을 자처했어
공감詩를 꿈꿔 온 나는 여태껏 오버랩 되어
헝크러진 詩를 이음동의어로 새롭게 장식했어
물결처럼 부드러워진 시가 넓은 바다로 흘러가기 위해

추억을 로딩하다

다방이라는 간판이 정겨워
무심코 들어선 로터리 지하 다방
증발된 대화들이 입구부터 되살아나네
잠시 망설였던 마음 뽈처럼 돋는 기대 풀피리로 오네
낡은 탁자와 소파는 70년대로 멈추어
흘러간 시간을 다정히 당기고 있네
우정의 씨앗들이 연분홍 꽃으로 다소곳이 핀
눅눅한 공간
잃어버린 향기를 향수로 더듬네
다방이라는 올드함에 은근히 매료되어 들떴던 마음
벽면의 메뉴판에 동공이 휘어지네
70년대를 닮은 마담의 오백 원짜리 달달한 믹스 커피가
무도회장을 연출한 경제 지표로 최고점을 찍었네
감미로운 디제이의 신청곡과 더불어
음악에 취해 흥얼거리던 학창 시절
풋풋한 감성 간곳없고
시절을 뛰어넘은 아메리카노가
옛날 찻잔에 고액으로 담겨 나오네

돌고 돌아도 제자리인 로터리로

머니만 빠져 나온 옛날식 다방에 앉아
멈춰 버린 엘피판을 로딩 중인 나는
에러난 추억을 소환하지 못하고
신식 계산서만 들고 나왔네

말을 씹어 먹는 미꾸라지

누군가의 말이 귀를 찌른다
달팽이관이 현기증을 일으킨다
수많은 말이 도사리는
탈색된 진실은 불신을 초래한다
꽃이었다가 가시가 되는 말은 언제나 기회를 노린다
달팽이관 너머 모음과 자음이 엉킨
애매함을 다듬는 기술이 판친다
언어와 언어 사이를 해석하는
소리의 데시벨이 자존심을 무너뜨린다
말의 시작과 끝이 어긋나면
O와 X가 불협화음을 일으킨다
그 누구도 책임지지 않는
공회전을 남발해도 책임자는 없는,

말이 정직하기까지 무법자의 발언은
카멜레온처럼 변한다
표정에 따라
소리에 따라
분위기에 따라

한마디 말로
사람을 살리기도 죽이기도 하는 합리화는
오로지 말로 먹고사는 법 앞에 법 없는 타락의 늪
혼란을 목표물로 삼는다
위장과 위선을 교묘하게 변론하는 미꾸라지
지능 지수가 최고점을 찍는다

온전한 행운을 맞이하다

 행성을 거슬러 온 햇살이 통통하게 부풀어오르는 베란다 실외기 위에 올라앉은 이오난사가 몽글몽글한 햇살을 깊게 들이마시고 있어요 날마다 보고 또 보아도 한 번도 본 적 없는 몽환적인 자태가 북아프리카에서 온 영락없는 카멜레온 같았어요 겨우내 짧은 햇살을 놓칠까 부지런함을 자랑처럼 펼쳐 새벽부터 빨래를 너느라 이오난사에서 붉은 햇살이 자라나는 걸 몰랐어요 여린 꽃대궁을 불쑥 밀고 올라온 이오난사의 화색에 눈을 의심하며 어리둥절한 첫 대면을 했어요 내 눈을 깊게 파고든 보랏빛 대궁 순간, 카멜레온이 찾아와 내게 마술을 펼치는 줄 알았어요 나는 빨래를 널다 말았고 내 맘 속 기쁨의 반란이 조용히 일었어요 제 몸의 DNA가 색깔별 그라데이션으로 유지된, 은근한 은유를 지닌 줄 몰랐어요 저리 고상하게 핀 보라색 꽃대궁을 불쑥 내밀고 노란 조밥 같은 꽃술 위로 천사의 얼굴 같은 하얀 꽃이 우주의 기운을 듬뿍 머금고 배시시 웃고 있었어요 고층 아파트에는 온도가 불규칙해 다육이 종류는 꽃 피기 힘들다는 낭설을 사실로 받아들였던 나는 그 사실에 황홀했어요 나는 이오난사 DNA의 환상적인 빛깔을 카메라에 담아 사실을 부정하는 이들에게 호기심을 증명할 수 있도록 간직할래요

안녕, 오늘아!

죽어도 오늘을 보내기 싫지만
떠나보내야만 할 수밖에 없어
햇살이 비추던 그 오후를 그리워하는 훗날로
널 걸어 두기로 했어
늘 반복되는 오늘로 하여금 기울어진 지축은
공회전을 맴도는 시간을 세울 수는 없는 일
풀어진 밧줄은 매듭이 없다는 걸
유유히 흘러가는 강물이 말해 주었어
누구도 막지 못하는 오늘이 늘
객관적인 말로 정당화하는,
세상을 뒤집는
초인간적인 사람들로 꽉 채워져 있다 해도
오늘을 멈추게 할 수 없어
매듭이 없는 시간은 줄타기에 능해
아쉬움만 잉태할 뿐이야
가는 걸음마다 흔적은 그믐밤을 향해 걸어가고 있어

하루의 반쪽이 허물어져도 소중하게 간직하기로 했어
세상으로 내려 준 오늘을 붙잡는 건
우주를 위반하는 행위야

그냥 이대로 흘러가는 것으로의, 순간의,
선명성에 내 족적을 남겨 먼 훗날을 위한
기억의 창고에 차곡차곡 쌓아 둘께
안녕, 오늘아!

우리 사랑은 영원해

2부

노을에 젖다

말티고개

인간들이 만든 구렁이
산 너머로
밤이면 화려한 불빛을 걸치고
넘어가네
캄캄한 어둠을 제치고
돌고 돌며 힘겨운 길
홀로 즐기며
넘어가는 그 위로
자동차가
구렁이 비늘을 더듬으며 지나가네
구렁이 내장 속에 숨어든 나는
구렁이의 황홀한 환생을 보네

위선을 주목하다

 식후, 일상이 되어 버린 찻집으로 어울려 간다 밥값보다 찻값이 더 비쌀 때도 많지만 나도 모르는 의례적인 행동이 익숙해진다 대기업을 자처하는 전망 좋은 자리는 그들의 몫 보이지 않는 파워가 주변을 둘러싼다
 언제부턴지 베이커리는 기본 세트가 된다 찻집 분위기를 두르고 앉아 잡담으로 꾸며진 수다의 꽃밭을 누빈다

 베이커리가 나오는 시간으로 긴 줄을 선다 도무지 이해 불가한 나는 고리타분한 속마음을 들킬까 표정 관리를 옵션으로 돌린다

 마음의 빗장을 열어 둔 시간이 출발을 잃는다 꽃밭의 소음이 달팽이관을 멍들게 한 합리화로 나는 어느새 이곳에 물들어 간다 호황의 찻집 뒷면으로 그늘을 짊어진 왜소한 가장의 불투명한 경제지표가 그림자처럼 따라다니며 방관자의 웃음을 끌어내린다 마음의 격차를 느끼는 개념 없는 가계가 교차로에서 길을 잃는다 문득, 세상 밖에서 세상 안으로 들어온 나는 내 마음의 경제지표는 어디까지일까? 나는 속물과 현실 사이에 끼어 애먼 허공을 물어 뜯는다

새벽을 물들이는 바람의 춤

오늘이 눈을 떴어요
밤의 정적을 밀치고 나온
정물화처럼 가만한 집안이 움직이기 시작했어요
요란한 기척이 새로운 시작을 알리는 아침이
묵직한 소음을 쏟아내요
마음에서 헝클어진 단어들이 혼란을 가져와요
멀리 이기대를 향해 밀고 당기는 바람은
광안대교를 밀고 와 위풍당당하게 일어서요
새벽부터 흰 갈매기를 자처한 파도는
바람이 세차게 너울거릴 때까지
드넓은 바다를 헤매고 다녀요
나는 체구가 작아서 오늘은 아무래도
저 맷바람을 견딜 자신이 없어 몸을 움추려야 해요
희망의 아침이 시무룩해져요
바람에 갇혀 버린 조깅을 해변에 걸어두고
바다가 보이지 않는 육지로 몸을 숨겨야겠어요
나는 바람의 사나운 퍼포먼스에 갇혀
아침을 잃어버려야 해요
바람이 차분해지기를 기다려야 해요

숨어 버린 목요일

주중에서 가장 모호한 타임은 목요일이라며
기우뚱한 시간이 하품을 슬며시 펼쳐놓아요

실크 한 필 두르고 온 바람이
식곤증에 시달리는 한낮을 살포시 감싸요
어젯밤
불면의 껍질을 벗겨 놓은 잔해가 무겁게 나뒹구는
일주일의 중간을 내동댕이친 시간이 녹기 시작해요

주간 일정을 목록한 일들은
앞서간 3일이 버거운 듯 뜬금없이 날아든
몽롱한 오늘이 마냥 눈꺼풀을 풀어 놓아요
주중 한가운데를 벗겨 내도 좋다는 지정된 시간은
쌓인 일들의 알람을 울리지 않아요

보드라운 바람결을 베고 누운 목요일이
허공에서 뒹굴어요

소화불량증

허공에 누워 녹슨 시간을 누빈다
흥건한 녹물로 푸른 꿈을 갉아 먹는
좀벌레 사체들이 각질처럼 쌓여 흘러내린다
각질에 짓눌린 나는 파리똥을 내지른 시공時空에
물음표와 마침표를 던진다
텅 비었다고 생각한 오류들을 조정하는
하루가 허공을 채운다

세상 모든 것은 비움을 통해 채워진다는
타의적 합리로 합법화를 체득한 나는
내일이 어두워진다
파리똥만 내지른 허공으로
별자리와 헤라클레스로 주저앉은 사자자리가 생성된다
잡아도 잡히지 않는 불후한 시간을 서성이는 나는
화려한 날은 아니더라도
후회 있는 오늘은 살지 말자 중얼거린다

역병이 설치는 공포의 칼날을 휘두르는 밖은
시간을 갉아먹는 좀벌레들이
꽉 막힌 병목 구간을 빠져나간다

다시 마음잡고 오늘을 위하여 켜켜이 쌓인
시집 속으로 들어가 앉는다
꼭꼭 씹어 먹어도 소화되지 않는 시
여분의 시간은 넘쳐나는데
하루 기한을 받아 놓은 나는 소화불량증을 앓는다

상처를 달래다

잊을 만하면 참았던 울음을 토하듯
가슴을 후벼 파던 말이
어느 순간 왈칵 분노로 치민다
그 분노를 삭히려 깊은 늪에
나를 가두고 또 가둬도
잊을만 하면 누군가 한 번씩 그 곁을 흔들고 지나가면
다시 꿈틀대는 말의 위증
말끔히 씻겨 내려가지 않아
가끔씩 역류한다

오늘도 무심히 창밖을 보다
빛과 그림자를 생각한다
투명한 빛에 대하여 양면성을 생각한다
상처의 흔적은 시간이 필요했으므로
트라우마는 한동안 숙주로 자라
빛과 그림자의 이중성을 파고든다

동백섬의 문법을 읽다

동백섬에는 동백꽃이 사계절을 이끈다

편법을 요구하는 수식은 언제나 붉음

섬의 규정은 직유를 선호한다

띄어쓰기 하는

여름이거나 가을에는

붉은 태양의 열매로 꽃을 피운다

그러므로

동백섬에는 동백 말고 다른 꽃은 오타다

깨 한 톨 앞에서 숙연해지는

나물을 무친다
고명이 된 갖은 양념은 세트 메뉴로 일컫는다
조상 대대로 고소한 맛을 계승하기 위해
푸른 초원의 기운을 잃지 않고 불러들인다

조물락거리는 눈대중이 맛의 정확성을 요구한다
계절을 숙성시킨 태양의 열기는
손끝의 주안점을 거쳐야 완성되므로,
마무리 요리의 필수 코스인 고소한 자존감은
혀의 맛 봉오리로부터 부여된다
모든 소스 중의 가장 작은 알갱이가
가장 강력한 미각을 현혹한다

고소한 맛의, 미식 의례를 공손히 마친 나는
마지막 한 톨도 허투루 할 수 없는
빈 접시로 매번 동공을 확장시킨다
확장된 동공 너머 깨 몇 톨
순식간에 개수대로 흘려버리는 실수를 한다
마지막 관문을 넘지 못하고 이렇게 흘려보내다니
우주의 배신자가 된 나는

깨 한 톨 같은 운명이 두려워
생의 길목마다 밝은 등불 하나 밝힌다

관계 4

은근한 기대 사이에서
적당한 거리는 마음을 편안하게 해요
너무 가깝거나 너무 멀면
결국 마음 밖으로 밀려나가요
밉지도 곱지도 않은 인연과의 인연은
있는 듯 없는 듯할 때
가장 편안한 관계가 돼요
그래야
서로의 믿음이 오래갈 수 있으니까요

참을 수 없는 공복

지금 이 순간 끼니를 적는 것은
정오가 훨씬 지난 허기가 살아내기 위한
에너지를 받아 적는 일
하루에 세 번 정시를 벗어나지 않는
절묘한 시간은
때를 잃어버린 우체부가
외유 중이거나 배달사고가 나지 않고서는
정시를 거스르는 것은
평생에 오류를 남기는 일이라며
피돌기를 재촉하는 몸이
방전된 기력을 되찾는다
몸은 정직해서 그날그날 필요한
만큼의 에너지만 성실하게 이행한다
행여 과부하가 걸리면 배출가스를 생성해
무기력에 빠지거나 사용 승인 안 난
에너지로 소화불량증을 일으킨다
행동을 조절하는 기능이
바닥난 공간으로 골조를 세운다
잃어버린 시간을 되돌릴 수 없어
다당류를 끌어들이는 몸
멈춘 이력의 흔적을 받아 적는다

진실의 뒤편

소품처럼 지니고 다니는 이중성이 눈치를 봐요
명확성을 겨냥한 눈빛은
아니꼬운 처세술에 방울을 달아줘요
합리적 방법론을 내세워
자신을 옹호하는 데만 급급한 현실은
주관적인 생각이 무기래요
합리적 관계를 유지하려면
너무 깊은 해석은 금물이에요
볕의 뒤편은 언제나 그늘진 이슈가 웃자라요
중립성을 추켜세우는 일은 오로지
우유부단만이 가능해요
빛과 그늘 사이로
걷잡을 수 없는 회오리바람이 불면
슬며시 냉동 창고로 들어가요
얼어붙은 말은 부유물이 생기지 않으니까요
심장 박동수를 오르내리는 인신공격이
강박증을 호소해요
사실을 위증한 상처가 좀처럼 아물지 않는 오늘은
언제나 독성이 있어 볕을 들고 거리로 나와요
한번 생긴 불신은 난해한 벽을 넘지 못해

그 상처를 없애려면
기억 상실이란 필살기로 무장을 해야 하나요?
더불어 사는 세상은 더 이상 기대할 수 없어
사는 게 고달파요

화단에 앉아

 아파트 단지로 피고 지는 화단은 낯선 꽃들로 빼곡해요 나는 화단 한편에 쪼그리고 앉아 아파트 벽으로 드리워진 그림자를 걷어내며 햇살 가득한, 흙 내음 물씬 풍기는 유년의 마당을 불러들여요 닭 벼슬 같은 맨드라미를 불러들여 새벽닭 울음소리도 듣고, 비로드 같은 백일홍으로 알록달록한 원피스도 만들고, 아침 이슬처럼 수줍은 채송화로 미소를 머금게 한 해맑은 햇살이 옹기종기 모인 그런 앞마당을 그리워해요

 봄이면 모종삽 들고 이 집 저 집 옮겨 다니며 꽃심을 나누며 인정도 나누던 장독대 뒤로 봉숭아 꽃물 든 복사꽃 같은 소녀는 키 큰 코스모스 바람결에 숨어 수줍은 꽃다지로 앉아 있었지요 여름이면 고추잠자리 비행하는 주변을 맴돌며 과꽃 같은 손을 흔들었지요 해종일 볕 무르익은 앞마당엔 정겨운 이웃의 향기 널리 퍼졌지요

 흙먼지 쓸어 내던 앞마당에서 땅따먹기하는 아이들은 지구 몇 바퀴를 사고팔고 했어요

아득히 먼 그 시절을 떠올리는 나는 이국적인 화단에 앉아 발음도 어려운 외래종 이름을 외우며 친화력을 키워요 추억의 꽃 사라진 그때 그 시절 그 추억 속 빛바랜 시간 앞에 비도 볕도 들지 않는 맥락 없이 웃자란 그늘은 울먹이는 슬픔이에요 어느새 나도 모르는 내가 화려한 외래종 꽃밭에서 모국어 대신 외래어로 소통을 하고 있네요 글로벌 시대에 걸맞게 나도 다국적인 꽃들을 사랑해야 되겠죠?

시인의 MSG

 심심한 시간을 끌어올려 하릴없이 햇볕에 몸을 뉘우고 오늘 할 일을 생각하다 문득, 탁자 위에 숙제처럼 쌓인 시집을 집어 든다 각지에서 몰려든 문장들이 게워내는 하품이 급상승을 이루어 곧 영원히 잠들지도 모른다는 전말이 눈과 귀로 쟁쟁거린다 "그래 오늘은 우리 집에 모인 시인들과 마음 활짝 열고 교감을 나누는 거야, 저마다 처절히 산통을 겪은 시인들의 시심을 앙큼하게 엿보는 거야" 헤쳐 모인 영혼의 주입구를 열어 모호한 어휘력을 흡입한다 어떤 시는 사차원의 진실성을 왜곡한 주어가 불분명한 시 또 어떤 시는 첨가제가 과다해 섭취를 거부하는 시들이 그들의 자존감을 끌어올린다 혼란을 괴고 앉아 속이 아리도록 시를 삼켜 체증을 앓는다 - 역시 시인은 아무나 되는 게 아닌가 봐 - 천부적인 묘술로 언어를 요리할 줄 아는 사용설명서 없는 엠에스지 같은 첨가제를 함부로 넣을 수 없는 나는 괄목할 만한 시를 쓸 수 있어야 진정한 시인이라는 장황한 합리화에 덧붙임을 주장해 보지만, 위축되어 무공해를 고집하는 시심이 병충해를 입는다 독자와의 양해각서에 서명을 한 담백한 시인의 모순적 미사여구가 혼수상태에 빠진다 인공적인 첨가제를 안 넣고도 깊은 맛 나는 그런 시 어디 없을까 유구한 언어의 서사를 민낯으로 선회하는 시점에서 나만에 레시피에 도전한다

난센스

 일 년 전, 향기로운 햇살에 실려 온 기억을 꺼내 들었다 그 기억은 올해도 여전히 유효해

 벼르던 마음은 한 마리 나비가 되어 날았다 설렘으로 가득찬 공원에는 왠지 슬픈 그림자가 어슬렁거렸다 나는 조심스러운 걸음으로 꽃 숲에 다가가 상황을 물었다 기개가 꺾인 꽃들은 제 구실을 잃어버린 기후를 가리켰다 기대에 부푼 나들이객들도 떠도는 소문을 실망으로 화답했다 난해한 기후의 후유증을 기록하는 공원은 쓰나미처럼 밀려간 계절을 다시 작성 중이었다 애도의 분위기가 고조된 공원에서 나는 찬 서리에 감전된 송아지처럼 물끄러미 헝클어진 계절을 멀뚱멀뚱 바라보았다

 꽃들이 숨바꼭질하는 틈 사이로 늦게 도착한 장미꽃 몇 송이 환하게 반겼다 붉은 장미의 빛바랜 표정의 낯선 화색을 시월로 몰고 왔다 오월의 장미를 꿈꾸던 사람들도 꽃보다 잎이 부쩍 왕성한 공원에서 꽃 대신 우울한 수다를 질펀하게 펼쳐 놓았다 정확도가 빗나간 계절 앞에서 가늠하기 어려운 제철 꽃들도 현기증에 시달렸다 나는 혼란을 부추겼던 이 무렵의 계절을 다시 내걸고 허전한 마음을 시월의 알싸한 향기가 낭창낭창한 공원에 하얀 국화꽃 한 다발 꽂아 두었다

오늘의 나는

오늘에 눌러앉아
어느 것 하나 소중하지 않은 어제의 시간을
물끄러미 좇는다
낡은 문장으로 쓸어 낸 물음표들은
목격한 시간을 간추려
응축된 미로를 뚫고 어디론가 사라진다
저무는 것은
향기를 잃어버린 슬픔이 시나브로 사그라드는 일
나도 모르는 무기력 앞에
부식되어 가는 기억이 애먼 시간을 수소문한다
세상에서 가장 강력한 시간의 힘으로
모든 생명체를 잠식한 오늘
외로워야 행복해질 수 있다는 합리화를 펼친다

오늘의 나는 보이지 않고
시간의 발자국만 가만가만하다

동백섬 일지

차가운 바람의 춤사위로 시린 새벽이 걸어간다
기상 시간을 알리는 자동 시스템을 장착한 나는
신새벽 나보다 더 부지런한 바람에게 몸을 내밀고
한 치의 망설임 없이 추임새로 끼어든다
뒤에서 당기거나 앞에서 미는 쪽은
강력한 모션을 추구하는 흑색선전 같은 거라며
바람의 방향을 거부한다

어둠이 채 가시지 않은 동백섬 둘레길
가로등도 바람에 부대껴 멀미한다
갯바위를 흔들어 깨운 바람의 위력으로
파도의 하품이 장엄하게 솟구친다

일 년 삼백육십오일 나의 화첩이 되어 주는 새벽 바다
어김없이 찾아오는 동해 바다로 유달리
거대한 구름 산맥을 가르며 오는 여명이 장관을 이룬다

첫새벽이 제시한
저 황홀한 명작을 일순간 사라지기 전에
나는 오늘도 서슴없이 동백섬 일지를 펼친다

새롭게 다가온 자부심

 비가 내린다 동백섬 체육공원은 멈춘 걸음들이 쉼표로 다가온다 할 일을 잃어버린 아침이 헐렁해진다 왠지 하루가 지루할 것 같은 허전함을 멈춤의 미학으로 달랜다

 아침의 공허가 비바람에 휩싸인다 새벽 시간에 맞춰 뛰던 맥박수는 고장난 벽시계로 멈추고 무기력해진 마음이 쇼파로 파고든다 하늘을 가르는 잔상들은 차츰 낯선 달빛 같은 햇살로 구름 언저리를 맴돈다 나는 새벽 시간을 보상 받기 위해 집을 나선다 해운대 바닷가가 지척이어도 휴가철이면 주변의 혼잡에 스스로 금지령을 내렸던 사소한 외침이 주변의 시선을 사로잡는다 수십 년을 살아도 실감은 체험을 원하지 않아 조용한 곳을 선호하는 나는 하마 이주할 의양을 품고 살았다 해변을 둘러앉은 동백섬 주변 눅눅한 햇살을 파고든 각국의 인종들로 발 디딜 틈 없다 거주지를 공해로 여겼던 나 유명세의 후유증을 자부심으로 바꾼다

 와이키키 해변을 걷는 듯 낯선 맨발이 뜨거워진다

풍선, 날으다

 아픈 관절을 탓하며 떠나는 것에 대해 위축되어 살던 내가 용기를 낸다 같은 하늘 아래의 거리는 한 뼘으로 갈아끼우고 도전으로 이루어진 달랏 하늘 언저리에 올라 벅차다 못해 눈물이 핑 돈다 2.819m 전망대에서 청잣빛 하늘로 오래 쌓인 안일을 한방에 날려버린다

 한 뼘 위의 하늘로 손을 들어 휘젓는다 손끝에 만져지는 구름이 황홀하도록 포근한, 솜사탕처럼 부푼 새하얀 구름 장미가 나를 감싼다 마치 프러포즈를 하듯 이 순간을 놓칠 수 없어 가만히 파묻혀 단잠 자듯 잠들면 달콤한 전율이 온 마음을 적실까 잠시 환상에 빠진다

 뭇새들의 낙원으로 떠도는 바람처럼 하늘을 가로지른다 미약해진 마음의 부질없는 공상을 잘라낸다 한동안 스스로를 족쇄로 묶어 새장에 갇힌 새처럼 날지 못했던 나는 한순간에 앨버트로스가 되어 세상 어디에도 두려움 없이 날아갈 것 같은 자신감이 더 먼 곳을 향한다

랑비앙산에 머무는 동안 내 안에 불같은 잠재력을 끄집어내어 오늘 이 순간, 구름 장미에 휩싸여 풍선처럼 부풀어 오른 신부가 된다

사투를 벌이는 밤

이슥한 밤을 넘보는 건지 잠든 나를 넘보는 건지
고층까지 침입하려면
여간 계획을 세우지 않고서는 어려웠을 텐데
층간 거리의 속도를 무시하고 침투한 모기 한 마리
호시탐탐 기회를 엿본다
요놈 봐라 착륙할 곳이 내 맨살이라면
너 죽고 나 사는 일에 드라마틱하게 끝내자고
대낮 같은 불 밝혀 너를 찾는다
어디선가 입맛 다시며 연착륙을 시도하려
잠들기를 기다리는 너! 하지만 나도
더 이상 내 피를 내줄 수 없다고 비상등을 켠 이상
오늘밤 피 터지게 싸워 볼 일이다

졸음을 억누른 동공의 불침번
천장과 벽면을 샅샅이 훑는다
아무리 둘러봐도 꼭꼭 숨어버린 너를 눈꺼풀에 앉혀
하품을 게워내는 사이 번개처럼 스치는 그 무엇
하얀 벽면에 모기 한 마리 붉은 점으로 찍혀 있다

숨죽여 다가선 손바닥 찰나와 함께 낙관으로 찍힌
핏자국 선명하게 살아난다
뭉개진 밤의 흔적을 살구처럼 부풀린 맨살
보잘것없는 모기의 습격에
애먼 밤이 하얗게 달아오른다

멍 때리기

3부

나는 당신이 무슨 짓을 했는지 안다

경로석

하루를 소비할 시간표가 다가온다
누가 어디로 가는지 분명히 아는 듯
지하철 출입문이 정지선에 멈춘다
문이 열리고
하루를 넉넉히 챙긴 여유가 우루루
어디론가의 목적지를 밀어넣는다

재바른 무리들이 경로석을 차지한다
의아한 시선도 아랑곳없이
몸매도, 의상도, 숨겨진 세월도, 어정쩡한,
젊디젊은 노인의 수다가 절정을 이룬다

경로석이 가늠 안 되는 듯
멀뚱이 바라보던 표정들은 도착지도 잊은 채
그들의 세월을 어림잡아 본다
더하고 빼도 자꾸 오타가 난다

긴긴 해를 채우기 위해
갈 곳보다 가야 할 곳을 찾아 나서는
경로석의 매표 행위는 오늘도 만원사례다

아무튼

책을 보다가 문득
광활한 바닷가 근처 야자수 나무 아래서
지금이 제철이라는 석류즙을 마신다
풋풋한 바람 휘날리는
딱히 어딘지 기억은 안 나지만
청잣빛 파도가 상큼발랄 남실대던 지중해 어느 해변
젊음 한 잔에 2유로라며
불생불멸의 바다 같은 생즙을 단숨에 들이키고
싱싱한 바다로 헤엄치듯 깔깔거리던
추억 한줌 집중에서 슬쩍 비켜나
책갈피로 넘실대는 파도가 쓰나미처럼 밀려든다
독서는 뒷전이고
그곳이 어딘지 각국을 헤집고 다녔던
기억 속을 아무리 뒤져도
유럽이라는 주어만 생각나는, 아무튼
지금 나는 모호한 기억이 파도를 타고 오는
시원한 바다를 향해
그날의 새콤달콤한 젊음을 들이키며
집중력이 떨어진 마음의 갈피에 그날을 오려둔다

중얼거림의 뒷면

높아진 습도로 안개비가 내리면
우울은 균형을 찾고 싶어해요
비록 잠깐이지만
내가 움직일 때마다
이마에서 땀방울이 중얼거려요
여름의 끝을 기다리는 바람은
뜨거운 태양에서 잠이 들어요
휴가철, 케리어를 들고 나온 사람들은
집 떠난 고생이 락樂이라는
함박꽃 같은 웃음이 잠깐
습도의 감정을 해변으로 보내요
아랑곳없는 해변은
불분명한 언어들로 뒤엉켜요
도대체 장마 속으로 굴러다니는 태양은
언제쯤 제 빛을 낼까요
제습기를 틀어 놓고 상해 버린 햇볕을
케리어로 말리고 있어요
중얼거림을 받아 적는 구름의 발음이
부서진 햇살을 현미경으로 들여다봐요
한시적인 반어법이 나팔꽃으로 중얼거려요

잠자는 바람을 깨우다

 작열한 태양은 아직도 계절의 행간을 뛰어넘지 못해요 나는 그 행간에 끼어 서늘한 바람이 어서 오기를 기다리며 사계의 법칙으로 긴 목을 내밀어 입추지나 처서가 다가오는 길목에 알림 설정을 해 놔요
 때를 기다리는 건 지루한 더위 속에 짓눌린 조바심이 뿔처럼 자라났기 때문이예요 볕이 빌미가 된 잠자는 바람은 줄곧 앞서가는 애타는 마음을 깨우려 하지 않아요 나는 바람의 잎새로 숨어들어 그 감각을 깨우고 싶어요 하지만 내 힘으론 어림도 없어요 어쩌다 잠꼬대 같은 바람은 해수면의 너울로만 느껴져요

 계절의 기한을 잃어버린 대지는 붉은색으로 가득해요 그 색을 지우려 인간들도 총동원해 가전 기구를 사용하지만 오히려 더 짙어져요 인과응보래요

 나는 여름과 가을 사이를 오가는 허약한 이중성에 앉아 처서를 지나온 햇볕 우거진 저녁이 잊혀진 계절이 될까 두려워요 강렬한 뙤약볕에 바람이 감전된 온난화가 마치 상징처럼 느껴져요 기약 없이 기다려야 하는 그날이 언제일지 몰라 차라리 잠자는 바람의 품에 안겨 잠자는 바람이라도 되고 싶어요

웃음꽃이라 하자

풀숲에서 환한 웃음소리가 나를 부른다
가던 걸음 멈추어 두리번거리는데
바소 꼴 모양을 한 새하얀 웃음이
칠월 한복판을 깔고 앉아 까르르 웃고 있다
벙글어진 미소가 칠월의 햇살을 릴레이하듯
금방 터질 듯 웃음을 참고 서열 기다린다
줄기도 없는 밋밋한 잎을 헤치고 나온 활짝 핀 웃음
줄기처럼 팽팽하게 뻗어 나와 군락지를 뒤흔든다
덥고 습한 날씨를 탓하며
오래전 잃어버린 웃음을 떠올리다 얼떨결에
전염이듯 환한 웃음 밭에 화색을 내민다
왕별 꽃! 안중에서 사라진 너의 이름을 찾아
우주 반 바퀴를 돌고 온 나는
왕별 잎처럼 밋밋했던 하루가 다시 생기가 돈다

해맑게 웃는 너의 모습 핸드폰에 담는다
가끔 웃음이 고파지면 나를 하염없이 웃게 한
너를 끄집어내어 함박웃음 짓기로 한다
지금부터 너를 웃음꽃으로 지칭한다

조락의 계절은 오고

 뙤약볕의 땀방울을 뚝, 뚝, 떨어뜨리는 너를 벗 삼아 나는 가벼운 발걸음을 너에게 기댄다
 붉은 태양의 노예가 되어 하염없이 끌려다녀야만 했던 지난여름 지루한 불볕을 유발시킨 장본인은 기후였다고 벚나무 처진 어깨의 수척한 잎들은 하나 둘 바닥을 향해 눈을 감는다

 은행나무의 푸른 바람은 조석으로 벚나무의 노오란 혈색을 끌어안고 시월을 향해 목청을 높힌다 오랫동안 방치된 푸른 계절로 하품을 내걸던 경비실 옆 빗자루는 맨 먼저 봄을 불러온 벚꽃의 기억을 감추고 미화원의 근육을 곧추세운다 아무도 없는 이른 새벽 벚나무와 나란히 걷는 길 황달 든 것 같은 벚꽃 잎들을 바라보는 눈시울 등짝에 흘러내리는 땀방울의 몸서리에 나뒹구는 떡잎이 아이러니해진다

 덧없이 밀려오는 계절로 태양의 열기 식을 줄 모르는 가슴 한가운데로 속절없이 쌓이는 낙엽 처서를 지난 어쭙잖은 희나리가 내 가슴 한가운데를 후벼판다

제3지대와의 위험한 동행

땅속 열기를 피해 시원한 그늘을 찾아
떠나는 길은 하필
온통 사방이 장애물 투성이예요
겁에 질린 나는 죽은 시늉을 하며
시원한 습지를 향해 몸을 내밀어보지만
나는 온전히 시멘트 바닥에서 길을 잃어요
사람들의 발소리가 포성처럼 들려요
하지만 의외로 사람들은 나를 보는 순간,
나보다 더 놀라요
습기로 덥힌 축축한 옷은 내몸이예요
열기에 녹아 버린 옷을 찾으려 위험을 무릅써요
발가벗은 몸이 나의 유일한 무기예요
순진한 사람들은 나를 불경스럽다고 여겨
슬며시 외면하고 지나가요
그들 덕분에 가는 길에 틈새가 생겨
조금은 다행이예요
나는 온힘을 다해 습지를 찾아 헤매요
끝없는 방랑은 어둠과 같아 두려움은
고통을 두 배로 늘려요
헤메는 동안 천년을 산 것처럼 힘겨워요

뜨거운 시멘트 바닥에서의 끝이
보이지 않는 길은 암울해요
햇볕이 질펀해지면
난 그대로 이글거리는 바닥에 암각이 되어
사람들의 발바닥에 상형 문자로 남을지도 몰라요
이 험한 시멘트 바닥에서 내가 살아남는 길은
뜬금없이 소나기라도 내려
블랙홀로 재빠르게 숨어버리는 거예요
제3지대에서 맨몸으로 견딘다는 건
누군가가 내몸을 밟아
죽기 살기로 튀어 올라야만 살아남는 것이니까요

목탁 치는 관절

기후의 행적이 묘연한 자작나무 군락지로
참선에 든 목탁소리 받들고 간다
군락지로 떠도는 심상을 끌어당기는
쓸쓸한 겨울을 고요히 감싸는 잎 진 자리
염탐을 일삼는 바람의 방향이
자작나무의 팽팽한 근육을 파고든다
부실한 관절을 자청한 나는 오르막길을 발목에 묶는다
마음 조아려 한 발짝씩 옮길 때마다
목탁 소리 허공을 내리친다
바라건대
무사안일의 기원은 허상이 아니기를
나는 풀어진 관절을 움켜쥔다
기대에 부푼 바람의 문장이 숲을 끼고 앉아
자작나무의 얼룩무늬를 걸쳐 입는다
말문의 간격을 좁히고자 시행착오에 밧줄을 묶는다
어디선가 늘어진 인대가 자작나무 숲을 휘감고 나온다
자작나무처럼 단단한 무릎을 원했던 나는
스스로 공명의 늪에 갇혀 나를 외면한 목격자를 찾는다

침묵의 향기에 빠지다

햇살 가득한 산길에서 살랑이는 바람을 만납니다
한생을 지켜 온 나뭇잎들은
산기슭을 내려와 바람의 호흡으로 듭니다
한여름 뙤약볕을 응축시킨 그 붉음의 앓이를
처연한 향기로 내뿜습니다
아, 한 잎 주홍으로 물든 가을이여,
내게 한줌 묵언의 향기는 녹두 빛
그대 진한 생을 가슴에 쓸어 담습니다
진즉에 생명의 출산을 마감한 나는
향기도 일으킬 바람도 없는 무호흡증을 앓습니다
그대 농익는 계절이여
새로운 애증이 분해되지 않는 가을이여
내 사유로 드는 침묵의 향기는 음유시인입니다

우기의 보현산

이중성의 햇볕을 공유했던 간헐적 시간이
경계의 늪을 파고든다
비구름이 이승과 저승의 문턱에서
숨 고르기 하는 동안
역방향을 노리는 나는
아슬아슬한 이승이 마지막인 듯
내게 저승복을 입힌 안개는 미로의 소굴로 안내한다

해발 1100미터의 경계를 분명하게 나누는
공포와 불안 사이
저승이 낯설어 자꾸 뒷걸음쳐도
나는 보이지 않고 불길한 허상만 보인다

산 아래는 이승이련가
70번째의 채널은 행성을 이탈한
신령들의 안식처 같은
아늑함을 받쳐 놓은 정상은 고요한 성전!
온몸에 전율 이는 나는
이승의 마지막 장면의 기억을 반추하려
두 손을 가슴에 꼭 묻는다

변화무쌍한 기압골이 천체망원경을 뚫고 나온
안개의 이력을 집어 들고
서서히 육십 아홉 번째의 생애 첫날로 유턴한다

안개를 정복하다

 짧은 호흡으로 파고든 시간의 발자국이 당산나무처럼 서 있는 까무룩한 절벽을 파헤친다 점멸한 신호등의 표지판은 길 없는 길을 가리킨다 무작정, 아련한 이끌림에 용기를 내어 한 발짝씩 무아지경의 안갯속을 걷는다 무거운 듯 가벼운 안개는 무언의 말씀을 더듬더듬 내뱉는다 한 걸음 내디딜 때마다 살갗에 스치는 습도는 저승사자의 손처럼 알싸하다

 야릇한 환상에 홀려 안개를 헤치고 가까스로 오른 한걸음 앞도 안 보이는 신들의 놀이터 같은 정상 고요와 적막은 심연을 파고든다 스스로 찾아간 이승의 발걸음이 몽환에 잠긴다

 백의 천사들이 머무는 안식처 같은 마음의 중심이 가닿은 저승인 듯 이승은 저승이 이곳이었음을 바라던 것처럼 사방은 온통 불국정토로 평온한,

 가만가만 헛짚어 올라오듯 여태 살아온 길로, 높은 습도만큼이나 젖은 마음의 갈래가 내 맘 속에

고여 있는 사바세계의 잡다한 허물을 벗겨낸다

 사방 다 길이어도 사방 다 갈 수 없는 신이 내린 보현산 정상에서 안개를 흠뻑 발아한 비 개인 하늘로 공중부양하고 앉아 마음 한 자락 새롭게 싹 틔운다

틈새를 노리다

일상의 연속은 변함이 없어
계절과 계절 사이를 오가는 바람을
대수롭지 않게 느꼈어요
그런 나의 안일한 곳을 노린 앙큼한 바람이
수시로 나를 향해 기회를 노렸어요
그것도 모르고 등짝을 내놓고
베란다의 햇살을 기대고 앉은 내게
찬바람 한 필 몰고 와 스매싱 한방 깊숙이 날렸어요
여름이 끝났다고 방심한 나는
바람의 내숭에 목덜미를 과감하게 찔렸다는 걸
얼얼한 몸을 통해 알았어요
어떤 바람에도 강한 줄만 알았던 나는
심한 고통이 될 줄은 꿈에도 생각하지 못했어요
칼끝에 베인 것처럼 느껴지는 온몸의 통증은
쉽게 사라지지 않았어요
육신을 파고드는 위력은 땡초처럼 매웠어요
한 열흘 감당하기조차 버거워 곤욕을 치렀어요
미처 예견하지 못한 내 몸의 나약한 면역계가
문제였다는 걸 뒤늦게 알았어요
가을맞이 제대로 치룬 덕에 올 가을은

더 깊은 감성으로 다가올 것 같아요
하늘이 유난히 높고 푸르네요

쉼의 이중성

그래 '쉼'이라는 건 굳이
행복하다고 단언할 수는 없지
차라리 조금은 귀찮더라도 볕의 따스함을 뒤집어
면역 세포를 키우는 게 나을지 몰라,
며칠째 말을 잃은 나는
온몸에 자갈이 굴러다니는 게 낯설었어
처음엔 가사 노동을 회피한 '혼자만의'
명사에 사로잡혀 은근히 즐기려 했지
하루가 지나고 일주일이 지나자
고립은 나를 불안하게 만들었지
점점 수척해지는 나를 지탱해 주던 기척도
서서히 사라지고
폐 속 깊숙이 파고든 사냥개는 밤낮을 가리지 않고
더욱 사납게 짖어 댔지
우울이 조여 오는 나는 몸을 웅크리고
세상에서 가장 강하다고 믿었던 자신이
세상에서 가장 약한 자가 되어
비참하기 짝이 없었지
초능력을 지닌 바이러스에 만신창이가 된,
초췌한 모습은
보이는 것보다 보이지 않는 것이 얼마나 위협적인지

링거의 힘을 빌리고서야 경각심을 새겼지
잠시 쉬어가길 원했던 나는 결국
쉼을 역설로 받아들이고 말았어

서른아홉 그해 가을은

찬바람이 거리를 휩쓸고 다닐 때
아무도 차디찬 슬픔을 본 적 없는 쓸쓸함이
가슴 한편 깊숙이 차지하고 있었던 때가 있었어요
거리에 스치는 바람도 쓸쓸하고,
제 의지와는 상관없이 바람 따라 어디론가 굴러가는
낙엽도 슬퍼 보인 우울한 십일월의 기억은
가슴에 형용할 수 없는 무언가 가시처럼 박힌
이루지 못한 욕망이 잔설처럼 남아
울먹이며 거리를 헤매고 다녔었어요
마흔의 나이를 거부한 현실에 짓눌려
나도 모르게 복받쳐 오르는 설움을
흐느끼는 바람으로 슬퍼해야 했던
그렇게 우울한 그 해 가을은
나 자신의 성장을 가로막는
가족의 이름으로 사라졌어요
어느덧 그 세월 깊어져 생의 그루터기 사라진
퇴색된 빛의 그늘 아래
오늘의 미완성이 완성이라는 삶의 욕구를 완성시켜요
돌이켜보면 가슴에 한 줄기 눈물을 가두었던 때가
나를 증명해 준 유일한 존재이었는지도 모를 지금,
나는 나를 순리의 언어로 변화시켜요

관계 3

소중한 인연을
오래 유지하려면
가까이에서
세 뼘 거리를 두어야
진정한 내일이 보장된다

말의 사용법

점잖은 입에서 가늠하기 힘든 바람이 일어요
누구도 그 입에 대해 태클 걸지 않아요
모두가 우러러 숭배하기에
거친 바람도 때로는 긍정으로 승화돼요

기대한 말에 대해 물음표가 붙어요
아무도 책임지지 않는 모호한 말은
백지장처럼 얇아 늘 회오리를 일으켜요
알 수 없는 내막이 칼춤을 춰요
도무지 종잡을 수 없는,
마음속에 기생하는 이중성을 특권으로 부여받은
중추 신경계를 이탈한 인간들
정제되지 않은 말은 출구가 넓어요
말의 사용법을 잃어버린 막무가내로
세상이 휘청이고 경계의 뿌리는 독버섯처럼 번져도
배려 없는 이기심이 고립을 자처해요
합리화에 능한 문법은 앞뒤가 안 맞아도
우기면 이기는 변질된 세상은 비애를 몰라요
세종대왕으로부터 숭고하게 물려받은
언어의 감정선이 이율배반을 완결해요

상징성을 앞세운 사용 금지된 말에 각성제를 물려요
검증되지 않은 말이 말을 타고 달리면
경로를 이탈해요 그러므로
말 한마디라도 허투루하면 안 돼요

조용한 반란

베란다에 기대어 봄의 연가를 부르던
란들의 혈색이 부풀어오른다
나는 창문을 열고
부풀어오르는 볕의 결기로 걸어 들어가 살며시 안긴다
햇살의 줄기로 파고든 여린 꽃대 다소곳이 마중 나온
엷은 볕을 향해 해맑은 눈망울이
새벽별처럼 초롱초롱하다
겨우내 베란다의 차가운 공기를 걸쳐 입고
몇 모금 볕으로 온몸 견뎌 내었을
기나긴 날들은 다 잊은 듯
볕은 베란다 깊숙이 널부러진 나를 향해
윙크를 날린다
고작 간간히
한 모금의 물로 뿌리의 근육이 트레이닝 되어
란 대를 힘차게 들어올려 봄을 향해 만세를 부른다

겨울나기에 오롯이 추워본 일 없는 나는
두더지처럼 방구석 1열을 차지한 날이 화끈거린다
저 강인한 란 앞에서
한 모금 빛이 생수로 번져오는 베란다

꽃이 피고 질 때까지 사랑하는 마음을 키운다

추위의 흔적을 감추려
졸음을 잉태하고 앉아 움추린 냉기를 벗어던진다

삶의 흔적

4부

달 따러 가요

접신

도시를 벗어나 한적한 시골 바닷가에 앉아
무수한 별빛이 가득한 밤하늘을 올려다본다
천지사방이 굿당 같은 어둠의 공기를 흔드는
살가운 바람 소리는
금방이라도 소원을 들어줄 듯
다정다감한 기운을 내뿜는다
나는 그 따스함을 엮어 정막 속 어디쯤의
횡성으로 말문을 열어젖힌다
뭇 인간들 감성을 후벼파는
그런 영감靈感 점지해 달라고
저 순도 높은 별빛에 전율로 치솟는 맑은 영혼을 담아
만인의 가슴에 영원히 꽂힐 뜨거운 시 한 수
치성으로 간절히 빌고 또 빌면,
주옥 같은 명시 내게로 올까
은하의 강을 건너지 못해 고요의 숲을 방황하는 밤
아스라한 침묵을 허물며 섬광으로 오는 문장 한 컷
어둠을 쏘아 올린다

자업자득

바람이 불어도 나뭇잎은 흔들리지 않아요
나뭇가지가 흔들려도 뿌리는 뽑히지 않아요
흔들릴 땐 흔들리고, 뽑힐 땐 뽑혀야만
인간사 순리가 희노애락으로 다채로워져요
그러나,
어쩌다,
피해 의식에게 사로잡힌 세상은
경직된 이기심이 독버섯처럼 자라나요
자존감이 무너진 인간들의 본분을
망상가들이 차지했죠
죄의식 잊은 지 오래였어요
세상과 더불어 살아가려면 나부터 돌아봐야 해요

비, 득음으로 오다

하늘은 날짐승의 사자처럼 울어댔다
그동안 워낙 가물었던 터라
하마, 오늘은 비가 올 것 같은 예감이
폭죽처럼 번져왔다
애타게 비를 기다리는 사람들은 거리로 나오거나
베란다 창을 열고 간절한 마음을 하늘로 치켜세워
포효하는 구름의 방향에 화살표를 내밀었다
금방이라도 터질 것 같은 구름 속에 가려진 응어리
아직도 쉬 풀리지 않았는지
공갈빵으로 부푼 것처럼 팽창된 구름은
목에 걸린 기압골을 속 시원히 게워내지 못해
비의 전주곡으로 들렸던 구름은 헛구역질만 내질렀다
목이 메도록 초조한 비를 불러대는 비의 전령사
하늘의 난산難産에 온 대지는
어두운 슬픔이 푸성귀처럼 자라났다
이상 기후로 조울증을 앓는 지구를
미처 발견하지 못해
수시로 발작을 일으키는 현실로
증상을 증폭시키다 사라진 실망감을
우두커니 지켜보아야 했다

양수를 잔뜩 머금은 저 구름의 배후에
인간들이 저지른 죄목이 형벌로 오는
구름의 길목에 앉아
목이 메도록 울부짖는 하늘의 고통을
내 슬픔으로 받아 적는다

다시 찾은 태백

 믿을 수 없는 폭설 문구에 휘둘리지 않으려 마음에 방지 턱을 높게 쌓고 그해 겨울 몹시 추웠던 쓰라린 바람의 기억을 소환한다 그때 그 기억의 골짜기로 유혹의 함성을 뚫고 나온 함께한 사람들의 얼토당토않은 제스처로 태백산을 부풀린 설경은 온데간데없고 칼바람 능선을 지옥문 들어서듯 올랐었다 그때 그 이후 태백산 정상을 오르는 일을 포기한 나는 올겨울 태백산 골짜기를 오른다 폭풍 한설을 명분으로 내세운 태백산의 눈꽃 축제를 믿기로 했거나 진부한 일상을 배웅하는 새로운 풍경으로의 탈출이었거나 아무튼 삭막한 나날의 한 귀퉁이를 도려내 집을 나섰다

 소문을 압축 해제한 설원은 인산인해로 몸 디딜 공간조차 없었다 흰 눈송이로 부풀어 오른 기대는 햇살에 흘러내린 얼음 조각처럼 축제장 분위기는 사람들 수다로 흘러내렸다 인파에 떠밀려 온 나는 틈새를 비집고 눈부신 조형물 사이를 누볐다 강추위와 저기압으로 빚은 저 많은 눈 조각 작품들은 태

백산의 명물이었다 하나같이 상징성이 빛나는 조각가의 주변을 맴돌며 더운 여름이 와도 녹지 않을 추억을 가슴에 꽁꽁 얼려 두었다

 메마른 도시의 차가운 마음에 꽃그림을 그리듯 백색지대에 앉아 살을 도려내듯 추웠던 그해 겨울의 삭정이 같던 골짜기를 잊기로 했다

여름이 오면, 나는

여름 내내 구름 속에 갇힌 나날들이 짓무르기 시작했다
물컹물컹한 습기로 자유롭지 못했던 나는
그리워했던 볕의 간절함을 뒤로
뜨거운 태양은 대지를 향해 무차별 난사했다
타는 듯한 불볕 사이로 습기를 말리려 거리로 나섰다
이글거리는 밖을 향해 발걸음을 내딛는 순간
달구어진 표피로 여울물이 연신
등 고랑을 타고 흘러내렸다
장마철 내내 찾아 나서던 볕은 볕이 아니라
볕으로 위장한 물줄기인 것처럼
나는 내 몸에 우물 하나 숨겨 두었는지도 모르고
자꾸만 몸 밖으로 물을 찾아 나섰다
내가 움직일 때마다 마중물 같은 태양은
강렬한 물줄기를 내뿜었다

거리는 온통 태연한 사람들로 생기가 넘쳤다
그들만큼 버금가지 못하는 나는
스스로에게 외출 금지령을 내려
냉방 장치가 잘된 마이 홈으로 유턴하기로 했다

유난히 더운 올여름, 적정 온도에 몸을 말리고
증거를 수집할 뜨거운 여름의 우물샘을
미리 채증해 두기로 했다

애착을 버리다

내 의지와는 상관없이 어쩌다
내 몸에 브레이크가 걸려 아무것도 할 수 없거나
움직일 수조차 없을 지경에 이를 때가 있었다
의식은 있되 의사 전달이 안 되고
눈은 뜨고 있되 보이는 것 모두를 가리킬 수 없었다
순간의 생각마저도 힘에 부친 그런 날은
산송장처럼 누워
인간으로서 내 생의 포인트였던
최대치의 가치도 가물가물했다
나는 그 가물가물에 실려 잘 살았다는 행복도
아쉬웠다는 후회도 미련 없이
우주를 향해 아득히 먼 블랙홀로 스며들었다
살아 있는 의식에서 죽음으로 가는 길은
세상 그 어느 것보다 평온한 안식처였다

세상에 태어날 때를 알듯
죽을 때도 죽음을 알 수 있는 최후를
미리 알았으면 얼마나 더 좋을까
죽음에 대한 예행연습을 마친 나는

어차피 돌아갈 그날이 오늘이라 해도
웃으면서 맞이하기로 했다

기타야 놀자

불볕더위로 집안에 몸을 숨기고 있어요
무기력증이 물 만난 듯 자라나요
그 틈 사이를 하릴없이 거닐다 보니
나름의 일과도 내팽개친 하루가 길고 멀어요

화덕처럼 달구어진 바깥은 검게 그을린 일상이
타는 냄새로 가득해요
간혹 "폭염경보" 안내 문자만이 거리를 활보해요
나는 무료함 속에서 소원했던 기타를 꺼내 들어요
한때 로망을 실현하고자 많은 날을 소비했던 나는
음악적 소질을 흥 하나로 버텨왔어요
그런 마음을 다시 일으키게 한 건 불볕이 일조했죠
나는 그 불볕에 악보를 그리며
새로운 음파를 일으켜요
코드를 오르내리는 손가락 사이로
개의치 않은 음정은 제 흥에 겨워 시간 가는 줄 몰라요
그러다 보면 기타는 나를 향해
나는 기타를 향해 서로 위안을 삼아요

강렬한 불볕이 두려운 나는 올여름에는

아무래도 베짱이가 될 것 같아요

냉방 장치가 잘된 마이 홈으로 유턴하기로 했어요

유난히 더운 올여름, 적정 온도에 몸을 말리고
증거를 수집할 뜨거운 여름의 우물 샘을 미리 채증
해 두기로 했어요

더위도 못 말리는 감기

섭씨 35도를 지니고
반갑지 않은 불청객이 찾아왔다
아무래도 수상쩍어 외면을 하려 했으나 막무가내다
볕 뜨거운 날은 괜찮을까 싶어 오는 손님
박대하기 그래 점잖게 맞이했다
웬걸 무더운 여름 마다않고 내 땀샘을
옹골차게 차지하고 앉아 얕잡아 보던 나를
시간이 지날수록 무참하게 짓눌러 버렸다
여름날의 흥건한 땀샘이 빙하처럼 얼어붙었다
얼어붙어 오갈 데 없는 나는 알약 하나 주고 나가라 했다
처음엔 나갈 듯하더니 이내 자리 깔고 누워 버렸다
약 한 알, 약 두 알, 점점 늘어나는 알약을 빌미로
내성이 생긴 놈은 서너 번 밀당하다 아예
폐 속에 개 울음소리를 내며 막무가내로 짖어댔다
은공도 모르고 날마다 사납게 짖는 개를 끌어내려
온갖 비책을 동원해도 지독히 약발 안 받는 무적이었다
차라리
용광로에 넣어 녹여 버리면 개 울음소리도 멈춰질까
무더위에 갇힌 나는 빙하의 협곡을 빠져나오지 못해
개만도 못한 여름 감기에 혀를 내둘렀다

가을비

옅어진 볕의 젖을 머금은,
축척된 구름 모냥에서 부질없는
땀이 무서리로 내린다
그 비를 파고드는 거리의 사람들은
낙엽처럼 바스락거리는 건조한 마음을
비의 정취로 자아내며
계절의 쓸쓸함을 적시며 간다

계절을 배웅하듯 가로수 길로
몇 잎 남은 낙엽마저 떨구고픈
구름 모냥을 쥐어짜는 철없는 비,
추수를 앞둔 농부의 마음 아랑곳없이
처연히 내린다
그런 창밖을 우두커니 내다보는 나도 처연해진다

가을은 몇 방울의 비도 참 쓸쓸하다

유등에 홀리다

어둠이 내리자
남강의 고요가 일제히 불을 당긴다
불면증을 들고 나온 밤이
대낮보다 더 대낮 같은 생동감을 드리운 강변
한순간에 피었다가 한순간에 지는 꽃들은
논개의 영혼으로 피어나는 한정된 밤을 기리기 위한
서사로 화려한 유등이 막을 올린다
그 영혼에 홀려 밤을 거꾸로 세워
만개한 꽃에 사로잡힌 나는
진한 감동에 젖어 이슥토록 몽환으로 휘청거린다

밤은 세상을 잠재우는 무기에 순종하는 인간이라면,
밤을 낮으로 바꾸는 인간의 지혜를 뛰어넘는
욕망을 이루어 낸 거라면,
다시 살아 돌아올 논개를 꿈꿔도 되는 거라면,
21세기의 험난한 세상은 새롭게 태어날까
소낙비 지나가고 휘영청 밝은 밤하늘이
제약 없는 나를 오롯이 품어 이 밤을 달군다

가을, 그 쓸쓸한 환상곡

 빛바랜 계절은 온통 화려한 우울로 점철돼요 한동안 볕에 기대어 수많은 사계의 서사를 써 내려간 열정은 한때의 미련마저 되돌아보지 않아요 거리는 온통 기쁨과 슬픔이 혼재된 모퉁에서 바람 한 필 몰고 와 다시 돌아올 계절의 희망을 잎 진 자리에 심어 놔요

 계절의 경계에서 쓰나미처럼 밀려오는 제각각의 사유가 봇물을 이뤄요 어쩌면 단풍의 절정을 만천하에 알리려는 이들의 소행이 지는 가을의 유무를 확인하려나 봐요 계절의 문이 닫히기 전에 애틋한 미련은 알싸한 감정으로 흔들릴수록 황홀해요 비록 아쉬움을 수북이 남기고 떠날지라도 한 계절의 찬란한 순간을 뜨겁게 흠모했기에 그들은 낭만이래요

 어둠이 내리니 바람은 쌀쌀해져요 홍시처럼 붉은 가로등 불빛은 사색하는 시인처럼 깊은 심연에 들어 떠나려는 가을의 환상곡에 심취해요 계절은 다시 와도 내 인생은 다시 오지 않는 이 시점의 아름다운 은유의 색채를 가슴에 문신으로 새겨 넣고 나는 나무에 기대어 잎을 떨구는 바람을 모아 남은 일생을 흔들리지 않게 묶어 두어요

나를 짊어지고 온 정상, 그곳에는

 판시판*을 오르기 위해 몇 겹의 산을 찢고 또 찢어 오르고 오른 3,143m의 봉우리로 인간의 욕망이 무한한 불꽃으로 타오른다 나는 한 모금의 산소를 쥐어짜며 가파르게 오른 계단의 후회도 잠시, 수시로 차오르는 구름의 덫을 벗겨낸 햇살로 세속을 박차고 나온 잠재된 내 안의 혼불을 지핀다 칼날처럼 날카로운 정상은 거대한 경전 같아 뜨거운 가슴이 겸손에 든다

 바람도 빛에 바래 하얘진 자리 수많은 서사를 비집고 바윗덩이로 짓누를 것 같던 육신의 통증이 백옥 같은 구름을 엄숙하게 몰고 오는 몽환의 비행을 만끽하는 동안 유체이탈한 내 영혼은 먼지보다 더 가볍게 장엄하고 아찔한 시야의 산세를 날아다닌다 여간 덕을 쌓아야 성스러운 풍경을 보여 준다는 설을 날려 버린 오늘 마음 밖의 행운이 깜짝으로 와 맑은 하늘로 깜빡거린다

 안식에 든 불상은 뭇 인간들의 마음에 잔잔한 파동으로 앉아 거친 세상의 허물을 온몸으로 받아 내고 있듯 허공의 틈새로 무량하게 떠 있는 천수관음

같은 구름을 바라본다

 가뭇없이 앉아 하늘 한켠 하얀 구름으로 떠 있는 나는 한 잔의 성수 같은 산소를 들이키며 영원한 풍경으로 주저앉는다

＊판시판 : 베트남 북부 지역에 있는 산

오후 3시의 변명

가을빛이 차가워진다
어느새 차가워진 틈새로 겨울이 자라나고
서둘러야 할 일들은 틈을 주지 않는다

오전 내 스스로를 조여 맨 시간이 풀어지기 시작한다
소파에 멍하니 앉아 멍한 나를 지켜본다
찰나
깜빡 잊은 듯 스치는 또 하나의 할 일이
다시 방향을 튼다
나른한 눈꺼풀로 이명처럼 들리는
"좀 이따 하자"가 오후 3시를 파고든다
아련한 환상을 몰고 오는 달팽이관에
변명을 늘어놓는 명분을 만든다
그냥 쉬어도 좋으련만
그 순간을 놓치면 영원히 찾을 수 없는
불가분한 시간은 건망증이 되어 사라질 거라는
정직한 생각에 사로잡힌다
시간을 돌로 눌러 놓을 수만 있다면 얼마나 좋을까
서글픈 오후가 나른한 눈꺼풀을 채근한다

쉼 없는 시간을
허락할 수 없어 나를 밀치고 일어서면
자꾸 끌어내리는 눈꺼풀로 곤곤해지는 이명이
변명 같지 않은 변명을 끌어올린다

비유로 오는 사랑론

쓸쓸함이 깊숙이 배인 산길을 걷는다
스치는 바람은 몽유병 환자처럼 아련히
텅 빈 가슴에 고독 한 뿌리 심어 놓는다
잎 진 자리에 기대어 수많은 기억을 남발하는 그녀
오래된 사랑을 낙엽이라 부르며 갈색 바람을 일으키는
한때 햇살 같은 사랑을 허름한 시간으로 구겨 넣는다

바람이 한소쿰씩 불 때마다 내 사랑도 떨어져 나갔듯
낡은 벤치에 앉아 아련한 시절을 리바이벌하는 나는
한 장 낙엽으로 뒹군다

알싸한 바람이 나뭇가지를 오르내리며
내 주변을 맴돈다
계절의 유효 기간을 알리는 문자 메시지가
찬 공기를 몰고 온다

저무는 계절 뒤로
이음동의어가 애달픈 사랑을 위로한다
비록 쓸쓸하고 고독한 계절일지라도

한순간을 뜨겁게 사랑했기에
그리움은 잠시 접어 두기로 한다

식어가는 빛살 무늬를 꺾어 들고 내려오는 길
땅거미 늙수그레 핀 은유의 몸짓이
저녁노을에 휘청인다

착각은 자유

내 기억의 자동 장치가 입력된 방향이
브레이크를 밟는다
나는 견고한 내 기억을 떠올리며
오히려 역방향으로 가는 지하철의 안내판을
대수롭지 않게 힐끔 눈을 흘리고 지하철을 탄다
순간,
다음 하차를 알리는 안내판이
회로를 이탈한 머릿속을 번개치듯 내리친다

지하철에서 내려 생각 없이 인파에 떠밀린 나는
내 회로에 문제가 생긴 건 아닌지
설마로 뒤통수를 친 순간이
불투명한 나의 행동에 반사를 일으킨다

문득 불길한 생각을 한다
영원할 것 같던 자만한 영혼은
시나브로 스며든 내 일상을 슬픔의 강으로 몰아넣은,
허술한 나를 탓하다가 느닷없이
빛바랜 심신을 내리치는
죽비 소리에 거슬러 오르는 연어처럼
마음의 물길을 되돌려 본다

음치의 반란

방음장치가 없는 작은방 북쪽은 늘
소란한 소음이 데시벨을 끌어올려요
그 소리를 의도적으로 즐기는 나는
그 방을 선호해요
볕이 들지 않는 암실 같은 방은
작고 아늑해서 자동으로 방음되는 것 같은
발칙한 착각을 품고 살아요
한여름 무더위 때도 열어젖힌 창문을
음소거로 말아 놓고 무딘 음표를 따라나서요
그러니 골방은 더없이 완벽한 연습실이에요
한번 필 받으면 포크송부터 발라드까지
오랫동안 기타의 음계를 괴롭혀요
노래를 제대로 부르면 기타의 선율이 무너지고
기타를 제대로 치면 음폭이 이탈해요
이 부적절한 관계는 언제쯤 끝이 날까요?
그런 날이 기다려져요

향기에 물들다

가을이 지천으로 널려 있는 낙동강 둔치로 간다
찔레꽃 가시 같은 햇살을 살짝 걸친 나는
활짝 핀 국화꽃처럼 미소를 머금고
국가정원이라 일컫는 낯선 길을 따라간다
도심 변방에 고즈넉이 일렬종대로 선 가로수 길은
벌써부터 들떠 갈색 수다를 흠뻑 내건다

인파에 떠밀려 둑방 너머로 감춰진 꽃들이
서프라이즈로 반긴다
널브러진 가을볕에 하루를 끼워 넣은 나는
기발한 아이디어가 빛나는 수만 송이 국화꽃 모형이
미래를 향한 야심 찬 지자체의 심벌 마크로 거대한
나대지의 화려한 변신에
쓸쓸한 볕에 농익어 떨어지는 낙엽 같은
울적한 계절이 푸른 봄날로 발돋움한다

바람에 나부끼는 억새처럼
국화 향기에 취해 종일 휘청거리는 나는
국화꽃 분분히 아롱진 들녘을
가슴속 깊이 붙박이 해 놓고

무르익어 가는 정취를 사로잡는
국화꽃 성곽이 영화 세트장 같은 입구에서
탐스러운 꽃이 되어 황홀한 오늘을 상징으로 남긴다

어떤 두려움

텅 빈 오늘에 누워 오래된 기억을 더듬는다
먼지가 수북이 쌓인 기억들이 엉킨 회로를 가동한다
어딘가에 다소곳이 숨겨져 있을 법한
최고의 순간이 비집고 나오려
나열한 날들이 기억을 푼다
먼지 털 듯 기억을 털고 또 털어도
순간의 기억은 한 점 바람으로 일고
그날이 언제쯤인지 도통 알 수 없어 두리뭉실 넘긴다

매일매일 탄생하는 오늘은 참 싱싱하다
매 순간이 싱그럽고 선명하다
오늘이 어제였다면 난 아마
늘 푸른 잎을 자랑하는 소나무였겠다
내일이 미래로 오는 오늘
가을 낙엽처럼 뒹굴며 가랑잎을 본다
오늘의 싱싱함이 무의미하게 스며든다
오늘 이 푸르른 날을 보장할 수 없는 내일로
어두운 그림자를 몰고 오는 시간의 축이 무거워진다

밤, 그 너머의 황홀경

트리 축제가 무르익는 밤
하늘의 별들이 모두 내려와
도시 한복판을 가득 메운다
화려함으로 분포된 거리는
지구인을 위해 한껏 부풀고
온정 넘치는 안식처에서 부화한 불나방들은
기다렸다는 듯
밀물처럼 밀려와 길목마다 별들의 세계를 탐닉한다
세대를 넘나든 예쁜 도깨비 같은 나방들은
부푼 날개를 한껏 추켜세워
별빛 사이를 훨훨 날아다닌다
어둠 속에서 빛나는 밤이라면
낮 동안 환한 도시는 검은 별의 반전은 없을까

화려한 별빛 따라 멈춰진 밤이 대낮처럼
밝은 지금
활화산으로 타올라 이 밤을 태운다
날마다 어둠 속에서 부화하지 못해
소심했던 한 지구인
어둠을 찢고 일어난 밤이 황홀해진다

삶, 그 쓸쓸함에 대하여

주치의의 단호한 말에 침묵이 흐른다
암묵적인 희망이 이루어지려는 순간
스스로 가늠할 수 없는 눈물은 왜일까
은근히 바라던 마음이
죄책감의 이중성을 들어올린다

포기와 생존 사이
몇 푼의 가치로 양면성을 파고든 지금
여느 햇살은 창밖 나뭇잎에 주저앉아
해맑은 미소를 병실 가득 던져 놓는다

많은 생각이 교차하는 슬픔 너머
이성적이어야 한다는 합리화로 암호를 주고받는 가족
생명 앞에 악성코드 같은
물질 만능에 휘둘리는 현실이 무호흡증을 일으킨다

시한을 받은 3일 동안 최선을 다해 슬퍼해야 한다고
마른 눈물을 삼키는 눈빛 사이로
내면 깊숙이 감춰 둔 지분이
그동안의 허구를 파헤친다

삶의 무기는 돈이라고 외칠 때
겨울 벌판에 내팽개쳐진 선인장 같은
그의 삶은 얼마짜리였을까?

꿈꾸는 알리바이

누구나 "첫"이란 말은 늘 설렘을 줘요
시작 앞에 "첫" 그 맑고 순수한,
기대와 희망이 가득한 새해 첫날
모두가 새로운 각오로 소망을 빌며 해맞이하는,
그 "하는" 단어 앞에 수많은 수식어가 따라붙어
거창한 내일을 꿈꾸기도 해요
오늘을 "하는"의 의미를 되새기며
미로 같은 새해를 따라가는 첫날
아무런 계획 없이 오늘을 맞이하는 무개념이
흐르는 시간의 방관자가 되어 유유히 흘려보내면
흔들림 없는 시간 속을 헤매는
얼토당토않은 詩가 발동을 해요
그 발동이 첫날의 의미를 야무지게 부여하면
시인은 일 년 내내 詩만 써질까
"하는"의 불확실을 "하다"의 명령어로 바꾸어 놓고
새로운 다짐을 알리바이로 남기면
먼 훗날 푸릇푸릇한 오늘이 증명되겠죠?

엄마가 생각난다

어젯밤 꿈에 엄마를 보았다
그토록 보고팠던 엄마
나는 얼른 달려가 "엄마, 왜 이제 왔어?" 하고
품에 안기려니
엄마는 냉정히 날 뿌리치고 사라졌다
나는 엄마를 부르다 잠이 깼다
꿈이 아니기를 바랐던 나는
생시 같은 엄마를 찾아
그리움이 가득한 적막을 더듬었다

생전에 엄마는 조기 생선을 무척 좋아하셨다
오래간만에 저녁 식탁에 구운 조기를 올려 놓고
짭조름한 영광 앞바다의 살을 불려 나온
눈알만 남은 조기를 보다
울컥, 엄마를 생각했다
오직 조기 생선만을 좋아하시던 엄마,
자식들 먹다 남은 눈알만 빼 드시던 엄마,
온마리도 제대로 드시지 못하고 떠나셨다

그땐 몰랐다

그 살 오른 조기가 몹시도 생각나셨던지
어젯밤 꿈속에 찾아온
그런 엄마가 유난히 생각난 오늘,
생전의 엄마 생일이었다

빛남시선 161

우울지수 78퍼센트

초판인쇄 | 2025년 7월 25일
초판발행 | 2025년 7월 30일
지 은 이 | 이효애
펴 낸 곳 | 빛남출판사
등록번호 | 제 2013-000008호
주　　소 | 부산시 사하구 감천로21번길 54-6
　　　　　　T.(051)441-7114　　E-mail.wmhyun@hanmail.net

ISBN 979-11-94030-16-4(03810)

값 10,000원.

＊이 시집은 한국예술인복지재단 〈예술활동준비금지원사업〉의 지원을 받아
　제작하였습니다.

∧∧／한국예술인복지재단